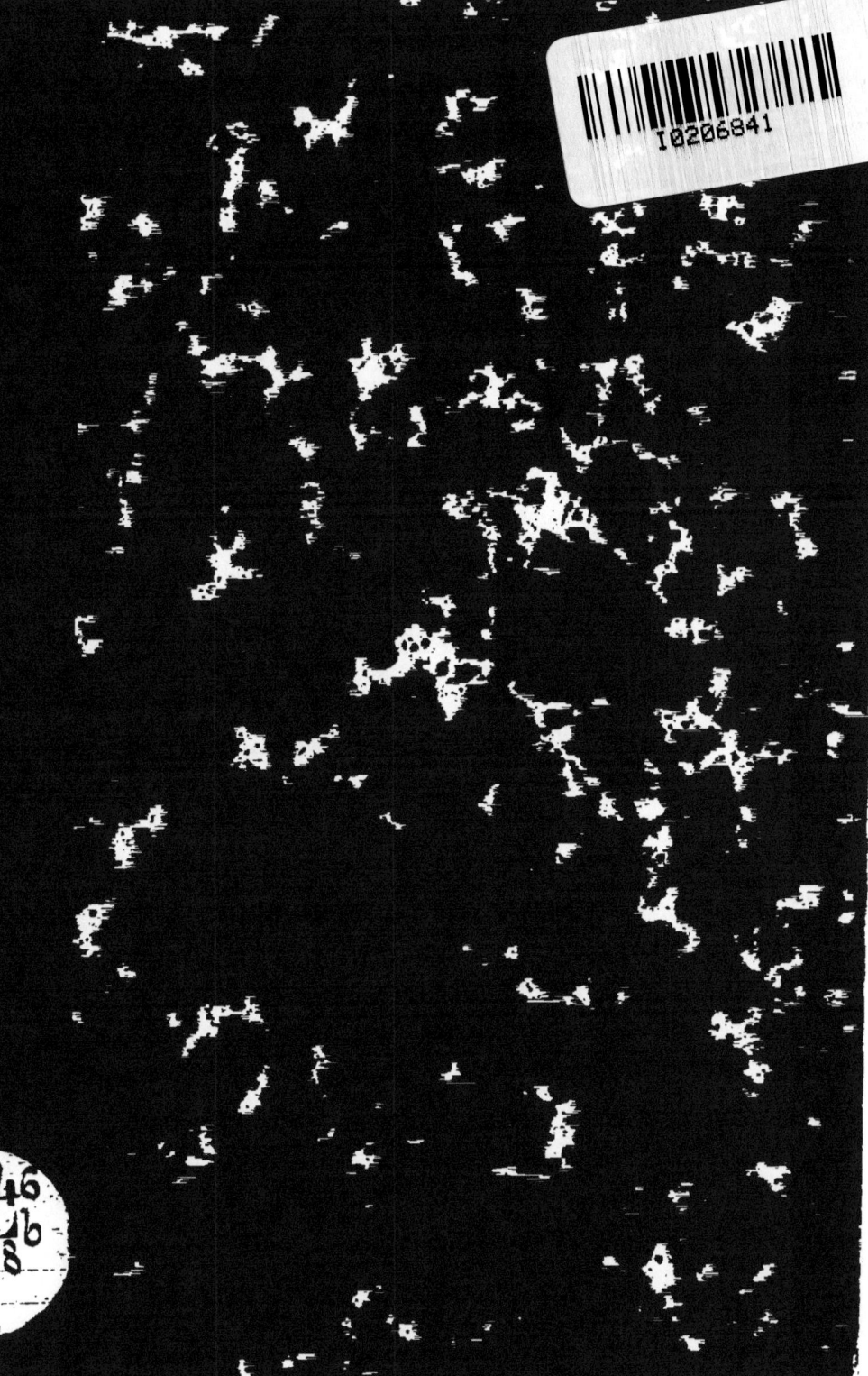

46
Lb 458.

# MON
# RÊVE POLITIQUE,

ou

PROJET DE CONSTITUTION.

# MON RÊVE POLITIQUE,

OU

# PROJET DE CONSTITUTION.

Par Claude DERVIEU, de St.-Etienne, (Loire.)

---

Les hommes ne peuvent, en quelque genre que ce soit, arriver à quelque chose de raisonnable, qu'après avoir, en ce même genre, épuisé toutes les sottises imaginables.

FONTENELLE.

---

A LYON,

De l'Imprimerie de J.-M. BOURSY, rue de la Poulaillerie, n.° 19.

1815.

# TABLE DES CHAPITRES.

*Discours préliminaire,*     page 1
*Assemblées municipales,*     18
*Assemblées primaires,*     19
*Assemblées électorales,*     20
*Représentation nationale.*     21

### DES CORPS DE L'ÉTAT.

*Corps Administratif,*     24
*Corps Judiciaire,*     26
*Corps de l'Instruction publique,*     28

*Sénat Français,*     30
*Pouvoir exécutif,*     32
*Héritiers de la Couronne,*     35

*Liberté de la Presse, Journaux,*     36
*Haute-Cour,*     37
*Mode de procéder aux changemens à faire à la Charte constitutionnelle,*     39

# MON RÊVE POLITIQUE,

## OU

## PROJET DE CONSTITUTION.

« Trouver une forme d'association poli-
» tique qui défende et protège de toute la
» force commune la personne et les biens de
» chaque associé, et par laquelle chacun s'unis-
» sant à tous, n'obéisse pourtant qu'à lui-même,
» et reste aussi libre qu'auparavant.

*(Contrat social, chap. 6.)*

Tel est le problême politique que jusques à nos jours, les législateurs de tous les temps et de tous les pays ont vainement tenté de résoudre. L'inquiétude et le mal-aise qu'éprouvent les peuples, même dans les gouvernemens les moins arbitraires, et où des lois quelconques sont à-peu-près observées, ne proviennent en grande partie que du desir secret, spontané et général d'en trouver la solution.

Pendant toutes les années d'orages et de calamités publiques, produites, tant par les vices de notre ancien gouvernement, que par l'effet immanquable d'une révolution résultante de ce sentiment inquiet qui porte les hommes à rechercher sans cesse un état meilleur que celui dont ils jouissent, six ou sept modes d'associations politiques ont été successivement présentés à la sanction du peuple français; toutes ces constitutions ont eu plus ou moins d'opposans ou d'approbateurs; et le fruit de tant de peines et de travaux, le résultat de toutes ces guerres, de toutes ces factions, a été de revenir juste au même point d'où nous étions partis, si toutefois encore on peut nous prouver que nous n'avons rien perdu des droits, des priviléges, et de l'espèce de liberté dont nos anciens rois nous laissaient jouir.

Tous ces efforts inutiles qui semblent n'être faits, de temps à autre, que pour mieux faire triompher la cause des rois et de leurs partisans, toutes ces tentatives infructueuses de liberté, ne seraient-elles donc que des preuves réitérées de l'impossibilité de vivre long-temps heureux sous un gouvernement où les citoyens seraient appelés à la confection des lois de leur patrie? Serait-il donc vrai que le parti le plus sage et le plus prudent qui puisse rester aux peuples, est de consentir à n'être jamais que les esclaves d'un despote, et de n'imputer qu'à bonne fortune le mal que ne leur font pas éprouver leurs maîtres? Certes, si, comme beaucoup le pensent, cette proposition est indubitable, on conviendra du moins qu'elle n'est pas consolante, et je doute fort qu'elle fût soutenue long-temps par les plus ardens défenseurs du pouvoir arbitraire, si, les premiers, ils en éprouvaient les funestes atteintes.

Le seul bon sens, et les plus simples notions en politique, sembleraient devoir suffire pour porter dans l'ame de tous les hommes la conviction entière de la supériorité d'un gouvernement où l'avis des citoyens serait compté pour quelque chose ; l'expérience de combien de siècles, la succession non interrompue d'une infinité de règnes désastreux, devrait pour jamais avoir dégoûté les peuples d'être les éternels jouets du despotisme de leurs chefs ; quelle est donc la cause qui neutralisa toujours les efforts des citoyens ? quelle est la raison qui fait qu'après la terrible explosion des fureurs populaires, après la destruction presque entière de tout ce qui tenait au tyran et à la tyrannie, l'espace de peu d'années soit suffisant pour éteindre cette soif de liberté, et anéantir souvent jusqu'au desir de la recouvrer ?

Ce sont ces contradictions incroyables, et cependant prouvées par l'expérience, qui, jusqu'à présent, ont fait le désespoir des publicistes, des hommes instruits à qui la liberté fut toujours chère, des philosophes qui, par leurs travaux constans, cherchèrent sans cesse à la fixer chez toutes les nations ; et combien il nous serait facile de démontrer que la cause de tous ces évènemens, si opposés en apparence, n'est due qu'au défaut des lois politiques, et n'est que la conséquence nécessaire de l'imperfection réelle de toutes les formes constitutionelles connues jusqu'à nos jours ?

De tous les gouvernemens arbitraires, celui de Louis XVI était sans contredit le moins insupportable, celui sous lequel les citoyens étaient le moins tourmentés. Le presque absolu pouvoir de ce monarque était sans cesse contrarié par une infinité de coutumes, d'usages, de priviléges consacrés par le temps, et à l'abri desquels les peuples pouvaient respirer. Les Parlemens et le despotisme religieux lui-même, étaient souvent un asile assuré contre l'oppression. L'usage des peuples d'alors était de favoriser par leurs cris, leurs sarcasmes, leurs agitations, celui des corps de l'état de qui ils attendaient le moins de mal, et c'est ainsi que tour-à-tour les citoyens étant pour le roi contre les Parlemens, ou en faveur de ceux-ci contre les prétentions de la noblesse ou du clergé, il en résultait pour les peuples un état de tranquillité qui leur faisait oublier l'état d'esclavage où ils étaient depuis si long-temps.

Cependant, dans les années 88 et 89, il n'y eut qu'un cri, qu'une seule voix contre les abus de ce gouvernement ; jamais on ne vit une réunion d'avis plus complète, pour exiger et commander des réformes et des changemens de toute espèce ; toutes les classes de la société s'honoraient alors du titre de patriote et de citoyen, et la petite portion des opposans était si faible et si méprisée, qu'à peine s'en apercevait-on.

D'où provenait donc alors ce sentiment universel qui transportait toutes les têtes, remplissait tous les cœurs, et inspira toutes ces idées philanthropiques de patrie et d'intérêt public ? Était-ce le desir de la liberté ? Non sans doute, personne alors n'y songeoit ; les formes démocratiques n'étant pas connues, à peine existaient-elles dans la profonde pensée de quelques hommes instruits, et déplurent même à la très-grande majorité de la nation, lorsqu'elles furent émises et sanctionnées par un décret. D'ailleurs, ainsi que je l'ai dit, Louis XVI n'était pas détesté, son gouvernement n'était pas insupportable, les règnes précédens avaient été bien autrement désastreux ; et le peuple, à peu près heureux, et modelé aux usages du temps, ne présumait pas même qu'il pût exister une meilleure forme de gouvernement. Quelle fut donc la cause de cette mémorable et unique révolution ? Ce fut la mutuelle et secrète jalousie de tous les ordres de l'état, de toutes les classes de la société les unes contre les autres ; ce fut la haine des grands seigneurs contre la cour, de la petite noblesse contre les grands seigneurs, du bas clergé contre les crosses et les mîtres, du commerce riche contre la noblesse pauvre qui le morguait, des Parlemens qui voulaient se mêler de tout, et qui étaient alternativement conspués ou par la cour ou par le peuple ; ce fut aussi les doléances continuelles des militaires braves et oubliés contre des pages de cour qui obtenaient des régimens ; enfin ce fut la masse de lumière répandue dans la nation, qui faisait sentir à chaque roturier qu'il avait plus de talens et de moyens pour occuper les emplois publics, que ce noble ignorant à qui il servait de commis et de secrétaire.

Telles sont en effet les principales causes de notre révolution : et que ceux qui veulent à toute force déclamer contre les fureurs populaires, veuillent bien aussi se rappeler que c'est eux seuls qui ont semé et fait germer ces idées de liberté et d'égalité politique, mais dont ils ne voulaient que pour eux-mêmes, pour s'élever au-dessus de la nullité où le sort les avait placés, et que le peuple n'était alors que ce qu'il a toujours été, l'instrument passif de leurs projets ambitieux.

Le premier pas une fois fait, on en prévit bientôt les funestes conséquences ; les chefs de la révolution n'étaient déjà plus les chefs des mouvemens, ni les uniques directeurs des idées; une classe secondaire d'agitateurs déjà s'était emparée des esprits, faisait trembler ceux qui les premiers s'étaient emparés des pouvoirs, et menaçait la monarchie d'une subversion générale. Chaque classe de la société fut tour-à-tour triomphante et humiliée; chaque parti sentait que son but avait été manqué, et voulut essayer de rétrograder, mais inutilement. Le coup était porté, la démocratie, conséquence nécessaire de tout ce qui avait été dit, de tout ce qui avait été fait, fut décrétée au milieu des orages, des troubles, et de la lutte des factions; et ce gouvernement, impossible à réaliser, n'a fait jusqu'à présent qu'entasser successivement sur nos têtes les malheurs inévitables de tous les genres de despotisme.

Cependant le desir de la liberté est dans tous les hommes un sentiment inné, lié à leur existence, et par conséquent inextinguible dans leurs cœurs. Presque tous les siècles ont produit la preuve de cette vérité; presque tous les peuples ont à diverses époques tenté de secouer le joug dont les accablaient leurs impudens monarques; et ont tour-à-tour essayé de changer la forme de leur gouvernement; mais la masse des citoyens appelés à voter sur les lois de leur patrie, modifiés si diversement par la nature, ne sauraient voir de la même manière les mêmes objets; leurs intérêts sont si variés, leur éducation si différente, qu'on ne doit point être surpris du peu d'accord qui régna toujours dans leurs discussions. L'aspect et le poids de l'autorité insupportable pour tous les hommes, et qu'ils ne souffrent que comme un mal nécessaire, se fait sentir bien plus désagréablement au milieu de la culbute alterne des factions; la plus grande partie du peuple pressée par les premiers besoins de la vie, n'ayant ni la volonté ni les talens de s'occuper des affaires publiques, sont presque toujours trompés par les discours insidieux de ceux qui les flattent pour usurper leurs suffrages; les élus de la multitude, guidés eux-mêmes par des sentimens si opposés, entassent bientôt sottises ou perfidies, et entravent par leurs intrigues le petit nombre de ceux qui veulent et savent faire le bien de leur patrie; de là, les partis renversés tour-à-tour; de là, le triomphe d'une opinion et la proscription de l'autre; de là enfin, les haines calomniatrices qui font que les vertus mêmes du parti qui nous est opposé, ne sont à nos yeux que des motifs de plus de vengeance et d'exaspération. C'est d'après ce sentiment affreux et malheureusement trop commun que le dévoûment républicain de nos soldats et de leurs officiers, n'était présenté que sous les couleurs les plus odieuses, l'éclat de leurs victoires atténué jusqu'au ridicule, pendant que les moindres succès des ennemis étaient exaltés, et leurs chefs transformés en héros et en demi-dieux. C'est encore ce sentiment de jalousie, de haine et d'amour-propre humilié, qui fait qu'un général, qu'un administrateur écarté de la place qu'il occupait, qu'un simple citoyen même dont l'opinion n'a pas prévalu, médite la vengeance et sacrifie sa patrie et lui-même au desir de l'obtenir.

C'est dans ces circonstances malheureuses, résultat immanquable du défaut d'un mode d'organisation politique, que le peuple fatigué, harrassé de tant d'orages, trompé, foulé par tous les partis; ne voyant dans tous ses chefs que des hommes plus ou moins coupables, plus ou moins ineptes, ne prévoyant aucun terme à ses maux, ni aucun moyen d'en sortir, regrète des temps où l'intérêt d'un monarque semblait être l'intérêt de la patrie et faisait plier sous sa loi toutes les factions. C'est encore alors que les gens de bien dégoûtés se retirent et deviennent égoïstes ; mais c'est alors aussi que la foule des dilapidateurs, que les hommes couverts des crimes de toutes les factions qu'ils ont tour-à-tour servies et persécutées, lisant leur honte et leur arrêt sur le front de chaque individu, craignant la vengeance d'un peuple indigné ou tout au moins pour la fortune qu'ils ont envahie, se hâtent de profiter de ces circonstances pour mettre leur or et leurs têtes coupables sous la protection d'un maître à qui ils vendent leur patrie, leur liberté et leurs concitoyens.

Telle a été, à peu de chose près, la marche constante de toutes ces révolutions, et tel sera toujours l'effet certain des secrètes passions des hommes, jusqu'à ce qu'une constitution politique bien réfléchie prévienne par sa sagesse une foule d'inconvéniens si désastreux à la paix et au bonheur des peuples.

Nous ne savons que trop, à la vérité, combien il est difficile de le créer, ce mode d'association politique dans lequel les forces respectives, les passions, les intérêts des gouvernés et des gouvernans soient tellement calculés, tellement balancés, qu'il ne puisse résulter de leur opposition mutuelle et nécessaire que le bien-être et la liberté ! A cette première et terrible difficulté, se joint encore l'opposition virulente des maîtres de la terre ; les intrigues et les poignards de leurs nombreux agens, l'insouciance des hommes fortunés, enfin l'ignorance des peuples, et c'est sans doute à cette cruelle et douloureuse expérience, qu'on doit l'opinion si répandue que la monarchie absolue est le moins mauvais de tous les gouvernemens. Cependant on ne peut se dissimuler que cet axiôme n'est vrai que lorsque le monarque donne lui-même l'exemple des vertus, et consent à ne gouverner que pour le bien et le bonheur de ses sujets : proposition qui malheureusement est totalement contradictoire ; et je peux citer, à mon tour, l'expérience de bien des siècles, le témoignage de l'histoire de tous les pays, qui ne nous présente, à très-peu d'exceptions près, qu'une longue et rebutante succession d'individus qui, sous mille noms différents, mille titres plus ou moins pompeux, ont foulé et vexé les nations de leur orgueil et de leur féroce ambition.

Pour qu'un Etat soit bien gouverné, il ne suffit pas que la tranquillité publique ne soit autre chose qu'une obéissance passive, résultat toujours odieux de l'arbitraire, mais bien l'effet raisonné de l'intérêt de la majorité des citoyens. L'esprit de sédition, qu'avec tant d'amertume on reprocha toujours à tous les peuples, n'eut jamais d'autres causes que les crimes des gouvernans, d'autres prétextes que les injustices dont ils humilièrent les nations, sans que celles-ci aient jamais eu d'autres moyens de résistance que le tumulte et la rebellion. L'isolement des citoyens, la terreur qu'inspire le pouvoir, compriment, il est vrai, pendant long-temps, l'effet de l'indignation publique ; mais tous les crimes populaires qui, au moment de l'explosion, en sont le résultat inévitable, ne sont dus qu'à l'excès de l'oppression, et sur-tout à l'ignorance des peuples qui, en se vengeant par des meurtres, croient effrayer les tyrans à venir, et qui, sans le moindre doute, en agiraient autrement si une sage constitution leur fournissait des moyens légaux pour rappeler leurs administrateurs aux sentimens d'honneur et de justice desquels ils n'eussent jamais dû s'écarter.

Ce sont ces formes simples et légales pour résister à l'oppression qui, depuis long-temps, ont été l'objet de mes constantes recherches, et, par le mode de constitution dont j'assaye ici d'esquisser le projet, je crois avoir à-peu-près atteint le but desiré.

Le chef du pouvoir exécutif étant un monarque héréditaire, j'évite par ce moyen une infinité de troubles qu'amèneraient infailliblement les formes électives ; mais en confiant au Sénat le soin de l'éducation des héritiers du trône, je m'assure des principes qui seront inculqués à ces jeunes gens, et quils seront élevés moins pour régner, que pour gouverner.

Par la création des divers corps, tant administratif que judiciaire et de l'instruction publique, tous les emplois lucratifs quelconques se trouvant occupés par des individus qui ne
peuvent

peuvent les obtenir qu'après avoir subi les examens indiqués, il me semble que, par ce moyen, j'ôte au pouvoir exécutif un puissant mobile de corruption, et que je donne en même temps aux peuples une garantie suffisante qui leur assure de ne jamais voir promus aux fonctions publiques que des hommes qui s'en seront rendus dignes par leurs talens.

La chambre des Représentans elle-même, n'ayant plus rien à attendre de l'autorité suprême, n'aura plus d'intérêt à la favoriser aux dépens de ses mandataires; et n'ayant point de lois à émettre, point de décrets à rendre, les luttes d'opinions, les intrigues, les factions ne pourront en aucune manière entraver la marche du gouvernement.

Si j'ôte à la représentation nationale le droit de concourir à la formation de la loi, c'est que l'expérience a mille fois prouvé qu'une grande réunion d'hommes délibérans, fut toujours un foyer de haines et de discordes civiles, par l'opposition immanquable de l'immense variété des intérêts qui s'y rencontrent. Mon intention sans doute n'est point d'offenser personne; mais il me semble que l'on conviendra facilement que toutes les nombreuses assemblées qui nous ont gouvernés jusqu'à ce jour, n'étaient en effet que de grandes fabriques de lois et décrets qui, variés à l'infini, prenaient le ton et le goût de la faction qui les commandait.

La manière dont je compose le Sénat, me semble ne rien laisser à desirer; et, par les règlemens que je propose sur la liberté de la presse, je crois avoir paré aux inconvéniens qu'elle présente, sans avoir à craindre de perdre les bienfaits qu'elle nous promet.

Enfin, si malgré tous mes efforts, le plan de Constitution que je présente est jugé impraticable ; si mon rêve politique n'est qu'une chimère, j'espère au moins avoir persuadé mes concitoyens qu'un pareil rêve n'a pu sortir que de l'imagination d'un vrai français, et d'un sincère ami de la vraie liberté.

### Assemblées Municipales.

Elles se composent, dans chaque commune, de tous les citoyens portés sur les rôles des impositions directes.

Elles sont convoquées par le Maire ou un municipal, toutes les fois que le besoin de la commune le requiert.

Le Préfet du département doit toujours être avisé par le Maire de la convocation de ces assemblées.

Elles n'ont d'autre but que la nomination des Maires ou Officiers municipaux; elles y procèdent par le scrutin secret, et à la majorité absolue.

Aucun employé ou fonctionnaire public salarié par le Gouvernement, ni aucun membre des corps de l'État, ne peut faire partie du corps municipal : les simples citoyens seuls peuvent occuper ces emplois.

Toute espèce de discussion est absolument interdite à la tribune de ces assemblées; le Maire ou le président rend compte de l'objet qui nécessite la convocation, et de suite on procède aux nominations.

## Assemblées Primaires.

Elles se composent, dans chaque commune, de tous les citoyens portés sur les rôles des impositions directes.

Elles sont convoquées de plein droit, tous les ans à jour fixe, par le Maire ou un municipal, et présidées par lui jusqu'à ce qu'elles aient nommé leurs président et secrétaire.

La durée de ces assemblées est de cinq jours, passé lequel temps elles sont nécessairement dissoutes, soit qu'elles aient ou non terminé leurs opérations.

Elles peuvent être convoquées extraordinairement par un décret du Sénat, sanctionné par le Monarque.

Tout employé salarié du pouvoir exécutif, tout fonctionnaire public salarié, n'est point admis à voter dans les assemblées primaires.

Toute espèce de discussion est absolument interdite à la tribune des assemblées primaires; leur président annonce le motif de la convocation, et de suite les citoyens s'occupent de leurs votes.

Les assemblées primaires n'ont d'autre but que de nommer les électeurs qui doivent composer l'assemblée électorale.

### Assemblées Electorales.

Elles se composent des électeurs nommés par les assemblées primaires de chaque Commune.

Elles se réunissent dans le chef-lieu de chaque arrondissement, à l'effet de nommer les Représentans.

Elles sont présidées, provisoirement, par le plus ancien d'âge, jusqu'à ce qu'elles aient nommé leur président et leur secrétaire.

Les Représentans ne peuvent être pris que parmi les citoyens qui sont ou ont été Maires ou Officiers municipaux.

A cet effet, les électeurs de chaque municipalité présentent une liste des individus de leur commune, qui sont ou ont été municipaux; l'assemblée électorale réunit toutes ces listes, en forme une générale, sur laquelle seule les électeurs choisissent les Représentans.

Toute espèce de discussion est absolument interdite à la tribune de ces assemblées.

Leur session est de six jours, après lequel temps, elles sont dissoutes, qu'elles aient ou non terminé leurs opérations.

*Nota.* L'article qui prescrit de ne choisir les Représentans que parmi les Maires et Officiers municipaux, a pour but d'éloigner une foule d'intrigans, qui sont habiles à capter les suffrages de la multitude, par leurs discours insidieux.

L'honneur de représenter ses concitoyens, doit appartenir à l'homme qui, ayant déjà été mis en évidence dans sa commune, a donné des preuves de ses talens et de sa moralité.

## Représentation Nationale.

Elle se compose des députés élus dans les assemblées électorales; elle s'assemble de plein droit, et à jour fixe, désigné par la loi.

La session de cette assemblée est de six mois; elle ne peut être dissoute par aucune autorité, mais peut être prolongée par un décret du Sénat, sanctionné par le Monarque.

Les Représentans ne sont point salariés, mais reçoivent une indemnité journalière pour le temps seulement qu'ils sont en fonctions, et qui est payée par les départemens qui les envoient.

Les Représentans sont nommés pour trois ans, peuvent être réélus indéfiniment, et leurs séances sont toujours publiques.

Ils nomment, hors de leur sein et à leur gré, un journaliste chargé de publier leurs séances et leurs diverses opinions.

La Représentation nationale nomme ses présidens, ses secrétaires et tous les officiers nécessaires à la police du palais où elle tient ses séances.

Elle présente des listes de candidats pour les places vacantes dans le Sénat, à la Cour de cassation et au Comité général d'instruction publique.

Les opinions et les discussions des Représentans sont le point fixe qui sert de base à l'opinion publique, qui est, et sera toujours la seule force réelle à opposer au chef de l'état lorsqu'il tente de s'écarter des limites constitutionnelles, et vise à l'arbitraire.

La Représentation nationale a pour but d'appeler la discussion sur toutes les branches de l'administration, sur toutes les parties de l'ordre social, de présenter au Sénat ou au Monarque ses plaintes, ses observations tant sur les lois faites ou à faire que sur la conduite des agens chargés de les faire exécuter.

Les Représentans peuvent charger leurs divers comités, de rédiger, d'après leurs vues, des projets de changemens sur quelque partie que ce soit ; mais aucun de ces projets ne peut être transformé en loi, que par un décret du Sénat, sanctionné par le Monarque.

Les seuls cas où la représentation nationale ait à voter sur la formation de la loi, sont prévus par des articles de la présente constitution.

Le premier cas est celui où le Sénat et le Monarque divergens d'opinions sur l'émission d'une loi, le peuple alors, par l'organe de ses Représentans, force l'une de ces deux autorités ou à la supprimer ou à la sanctionner.

Le deuxième cas est relatif aux changemens ou modifications à faire à la charte constitutionnelle.

Le troisième, enfin, est relatif à la formation de la haute-cour chargée de juger les crimes de conspiration, etc. etc.

Tous les ans, à la fin de chacune de ses sessions, la chambre des Représentans désigne quinze de ses membres qui sont admis temporairement dans le Sénat, et y ont voix délibérative.

Les Représentans admis temporairement dans

le Sénat, pendant l'intervalle d'une session à l'autre, rentrent dans leurs corps le jour fixé pour l'ouverture de la première séance de cette chambre; ils sont le noyau de l'Assemblée représentative qui va se former, et l'un d'eux la préside jusqu'à ce qu'elle ait nommé ses officiers.

## DES CORPS DE L'ÉTAT.

### Corps Administratif.

Il se compose de tous les individus qui, nés Français et de parens Français, et après avoir subi les examens fixés par la loi, sont jugés dignes d'y entrer.

Les candidats agréés pour faire partie du Corps administratif, sont seuls admissibles aux places de l'administration publique.

Ces places sont celles de Ministres, Conseillers-d'état, Ambassadeurs, Consuls, Secrétaires de légation, Commissaires de police ordinaires et extraordinaires, Commissaires des guerres, de marine, Inspecteurs, Ordonnateurs; enfin, toutes places administratives autres que celles de comptables de deniers publics, qui, exigeant des cautionnemens pécuniaires, sont données à de simples citoyens.

Les membres du corps administratif ne peuvent, sous aucun prétexte, occuper d'autres places que celles qui leur sont dévolues par l'acte constitutionnel.

Ils sont aux ordres et à la disposition du Monarque qui, en cas de faute grave, peut les destituer, mais remplit les emplois vacans, toujours par des individus pris dans le même corps.

Tous les ans à époque fixe, les jeunes gens qui desirent entrer dans le corps administratif se présentent à un comité, temporairement créé à cet effet et chargé de les examiner.

Ce comité se compose d'un nombre de membres fixé par la loi et pris, savoir : un quart parmi les Représentans, un quart dans le Comité général de l'instruction publique, un quart dans le Sénat, et un quart dans le Corps administratif, ces derniers désignés par le Monarque.

La loi détermine les objets sur lesquels ces jeunes gens seront interrogés.

Les candidats définitivement reçus dans le corps administratif, sont répartis dans les divers bureaux, et sont seuls destinés à monter de grade en grade, jusqu'aux places supérieures de l'administration publique, et ce, d'après le choix et les ordres du Monarque.

Les membres du corps administratif ne peuvent se marier sans en avoir obtenu le consentement du chef du pouvoir exécutif.

## CORPS JUDICIAIRE.

*Juges, Légistes, Cour de cassation.*

Le corps judiciaire se compose de tous les individus qui, nés Français et après avoir subi les examens indiqués par la loi, sont admis à y entrer.

Aux membres seuls du corps judiciaire appartiennent les places de Juges près les Tribunaux civils et criminels, Cour de cassation, Justices de paix, Notaires, Greffiers et Légistes près les Tribunaux.

Les individus admis dans le corps judiciaire ne peuvent occuper d'autres places que celles qui leur sont accordées par l'acte constitutionnel.

Les Juges de tous les Tribunaux civils sont à vie, ils peuvent être destitués provisoirement par le Monarque, mais ne peuvent être jugés que par la Cour de cassation.

Le corps judiciaire est doté.

Ce corps est représenté auprès du Gouvernement par la Cour de cassation qui siége dans la capitale, et se compose d'un nombre de Juges fixé par la loi et nommés ainsi qu'il suit :

Lorsqu'une place vient à vaquer, la chambre des Représentans forme une liste triple ; cette liste est présentée au Monarque qui biffe à son gré l'un des candidats, et la Cour de cassation choisit entre les deux qui restent.

Lorsqu'une place de Juge vient à vaquer dans les Tribunaux civils, Juges de paix, etc. la Cour de cassation forme une liste triple qu'elle présente au Monarque et sur laquelle il nomme à la place vacante.

La Cour de cassation nomme ses Présidens, Secrétaires et autres Officiers nécessaires au palais où elle tient ses séances.

Les jeunes gens qui aspirent à entrer dans le corps judiciaire, après avoir subi les examens indiqués dans les écoles de droit, se présentent à jour fixe pardevant la Cour de cassation, qui nomme dans son sein un comité chargé de les interroger de nouveau, et les admet définitivement.

Les jeunes gens reçus définitivement par la Cour de cassation, prennent le titre de Légistes; ils sont répartis dans les divers Tribunaux en qualité d'auditeurs, mais n'y ont pas voix délibérative; ils peuvent être chargés de divers rapports en matière judiciaire, et sont destinés à succéder aux places vacantes, d'après le mode indiqué.

La Cour de cassation nomme hors de son sein le rédacteur d'un journal, chargé de rendre publics ses jugemens et ses décisions.

La Cour de cassation a seule le droit de modification ou de commutation des peines infligées par les Tribunaux criminels ordinaires.

## CORPS DE L'INSTRUCTION PUBLIQUE.

### Instituteurs, Comité général de l'instruction publique.

Le corps de l'instruction publique se compose de tous les individus qui, nés Français et après avoir subi les examens fixés par la loi, sont admis à y entrer.

Aux membres seuls de l'instruction publique appartiennent les places d'Instituteurs près les écoles primaires, lycées, colléges, pensionnats et autres maisons d'éducation des deux sexes.

Afin de mettre l'éducation à la portée d'un plus grand nombre de citoyens, ce corps sera doté ; et le prix de la pension des élèves sera en raison inverse du nombre d'enfans qu'un père de famille y fera élever.

Ce corps est sous la direction d'un Comité général d'instruction publique, qui réside dans la capitale, et se compose d'un nombre d'instituteurs fixé par la loi.

Le Comité général est nommé, ainsi que la Cour de cassation, sur une liste triple des places vacantes, formée par la représentation nationale, et sur laquelle le Monarque ayant biffé un des candidats, le Comité général choisit entre les deux qui restent.

Le corps de l'instruction publique peut prendre à sa solde des professeurs étrangers.

Tous les ans, à époque fixe, les jeunes gens qui desirent être admis dans le corps de l'instruction publique, se présentent au Comité général, à l'effet d'y subir les examens indiqués par la loi.

Le Comité général procède à cet examen, après s'être adjoint un nombre désigné de Représentans, et un nombre égal d'administrateurs nommés par le Monarque.

Les jeunes gens reçus définitivement par le Comité d'examen, sont répartis dans les diverses maisons d'éducation, en qualité d'adjoints aux Instituteurs, et sont destinés à succéder à ceux-ci en raison de leurs talens, de leur zèle, et ce, d'après le mode indiqué.

Lorsqu'une place d'Instituteur vient à vaquer dans une maison d'éducation, le Comité général présente au Monarque une liste triple de candidats sur laquelle il nomme celui qu'il destine à remplir cette place.

Le Comité général nomme le rédacteur d'un journal, chargé de publier ses décisions et tout ce qui a rapport à l'instruction publique.

Les femmes qui ne sont pas sous puissance de maris (filles ou veuves), sont admises dans ce corps, en partagent tous les avantages; mais ne peuvent être membres du Comité général. Elles sont destinées à diriger les maisons d'éducation de leur sexe. Elles prennent le titre de Dames institutrices.

*Nota.* Admettre les femmes dans le corps de l'instruction publique, paroîtra peut-être une disposition sinon ridicule, au moins inutile. Il est cependant très-vrai que le coup de maître d'un prévoyant législateur, seroit de savoir, par de sages institutions, les intéresser à la réussite de ses projets, et au maintien de son ouvrage.

## Sénat.

Il se compose de soixante-cinq membres à vie, et de quinze temporaires.

Les Sénateurs à vie sont pris, savoir:
15 dans le corps administratif;
15 dans le corps judiciaire;
15 dans le corps de l'instruction publique;
15 parmi les citoyens qui sont ou ont été Représentans;
5 parmi les Officiers de terre ou de mer.
Total 65 à vie.

Les Sénateurs temporaires sont pris dans le sein de la Représentation nationale, et nommés par cette chambre à la fin de chacune de ses sessions.

Les Sénateurs à vie sont nommés de la manière suivante : lorsqu'une place vient à vaquer dans un des corps qui constituent le Sénat, les Représentans forment une liste triple d'individus pris dans le corps qui n'est pas porté au complet ; cette liste est d'abord présentée au Monarque, qui biffe à son gré l'un des candidats, et le Sénat ensuite choisit entre les deux qui restent.

Le Sénat crée toutes les lois, vote les impôts, les levées d'hommes, etc. etc.

Toute loi rendue par le Sénat est soumise à la sanction du Monarque.

En cas de refus de sanction de la part du Monarque, le Sénat discute les observations qu'il a faites, les modifications qu'il exige ; et peut jusqu'à trois fois présenter la même loi à sa sanction.

Dans le cas de refus continuel de la part du Monarque, le Sénat suspend sur cet objet toute délibération, jusqu'à ce que l'opinion publique se soit prononcée par la voie de la chambre des Représentans, lesquels après avoir de nouveau discuté la même loi, forcent définitivement ou le Monarque à lui donner sa sanction, ou le Sénat à la retirer ou à la modifier.

Le Sénat nomme à son gré et hors de son sein un journaliste chargé de publier ses séances et ses discussions.

Le Sénat est permanant, ses séances sont publiques, mais il se forme en comité secret quand il le juge à propos.

Le Sénat nomme son Président, ses Secrétaires et autres Officiers nécessaires à la police du palais où il tient ses séances.

Le Sénat peut exclure de son sein un de ses membres, dont la conduite déshonoreroit le corps : cette exclusion doit être faite aux trois-quarts des voix.

## Pouvoir Exécutif.

Le Gouvernement de la France est monarchique ; le chef du pouvoir exécutif est un Monarque avoué par la Nation.

Le trône est héréditaire de mâle en mâle et en ligne directe, et c'est la seule place qui ait cet avantage.

Le Monarque commande les armées de terre et de mer, veille à la sûreté intérieure et extérieure, et sanctionne toutes les lois.

Il lève les impôts votés par le Sénat, mais ne peut asseoir aucune contribution, ni conscription, sans une loi préalable.

Il nomme les Ministres, les Ambassadeurs, les Officiers de terre et de mer, ainsi que tous les agens d'exécution.

Le corps administratif est à sa disposition,

et c'est parmi les membres qui le composent qu'il est tenu de prendre tous les sujets pour remplir les emplois de l'administration.

Le Monarque nomme à son gré le rédacteur d'un journal officiel, un Commissaire près les Tribunaux civils, près la Cour de cassation et le Comité général d'instruction publique.

Sur une liste triple, présentée par la Cour de cassation, il nomme tous les Juges civils et criminels, ainsi qu'aux places de professeurs en droit.

Sur une liste triple, présentée par le Comité général d'instruction publique, il nomme à toutes les places d'instituteurs, directeurs des lycées, etc. etc.

Le Monarque nomme tous les receveurs d'impositions directes et indirectes, et ces places sujettes à des cautionnemens sont données à de simples citoyens.

Le Monarque promulgue les lois ; il est tenu de motiver son refus de sanction aux lois et décrets du Sénat.

Il sollicite auprès du Sénat la création de lois nouvelles, de nouveaux impôts, ou levées d'hommes.

Il fait consigner dans son journal ses observations, ses plaintes sur les refus du Sénat, afin que l'opinion publique se forme sur tous ces objets.

Le Monarque est seul chargé des relations diplomatiques ; il déclare la guerre, il fait la paix.

La création temporaire des Tribunaux extraordinaires, spéciaux, militaires et autres, la déclaration d'une portion du territoire français en état de guerre, d'une ville en état de siége, s'accorde par le Sénat sur la demande nécessaire du Monarque.

Le Monarque peut, en des cas urgents et par l'effet d'événemens non prévus par les lois, prendre tel arrêté qu'il jugera convenable, sauf après l'exécution à en rendre compte au Sénat.

Le Monarque distribue les diverses marques distinctives ou décorations personnelles créées pour honorer le mérite et la valeur ; il accorde des pensions, des récompenses : mais il est tenu de motiver la raison de ces faveurs dans la liste qu'il en présente tous les ans au Sénat et aux Représentans.

Tous les ans, à l'ouverture de la session de la Représentation nationale, le Monarque en cérémonial distingué se rend dans la salle de ses séances, et, dans un discours, y rend un compte détaillé de son administration, et de la situation civile et politique de la France.

Le Monarque décide des ouvrages et travaux publics à faire, tels que canaux, grandes routes, alignement ou création de nouvelles rues dans les villes, fortifications, embellissemens, mais ne peut alliéner aucune portion du territoire français sans le consentement du Sénat.

Le Monarque est seul chargé de la représentation nationale dans les fêtes et cérémonies publiques ; nul autre corps n'y assiste.

Le Monarque n'a le droit de grâce, modification ou commutation des peines infligées aux coupables, que sur les jugemens rendus par les Tribunaux militaires, spéciaux et extraordinaires.

La personne du Monarque est sacrée, inviolable, et ne peut être mise en jugement. Il est l'arche d'alliance, le point central du pacte social ; les Ministres, les Conseillers d'Etat sont seuls responsables des abus de pouvoirs, des infractions à la constitution dont les corps constitués ou les citoyens auront à se plaindre, et ne peuvent être jugés que par la haute-cour, d'après le mode indiqué dans la charte constitutionnelle.

## Héritiers de la Couronne.

L'éducation des enfans mâles des monarques français appartient au peuple.

Le Sénat nomme seul aux places d'instituteurs, gouverneurs, et autres officiers nécessaires à cet objet, et fixe les sommes pour cette dépense.

Le Sénat surveille attentivement l'éducation des héritiers du trône. Il prend les instituteurs parmi les membres de l'instruction publique ou parmi ceux de l'institut national, et les autres officiers dans le corps administratif.

Les héritiers de la couronne ni les membres de la famille du chef de l'état ne peuvent être reçus dans aucun des corps créés par la constitution; ils sont admis comme auditeurs dans le conseil d'état, mais n'y ont jamais voix délibérative.

## Liberté de la Presse; Journaux.

Les papiers-nouvelles, feuilles périodiques, se divisent en journaux officiels, et journaux libres.

Tout corps politique ou scientifique, créé par la constitution et les lois, nomme chacun le rédacteur d'un journal officiel, particulièrement destiné à rendre publiques les séances de ces divers corps, et les opinions des membres qui le composent.

Les journaux officiels sont :

Celui du chef de l'état (Journal administratif et militaire);

Du Sénat;

Des représentans;
Du corps judiciaire;
Du comité général de l'instruction publique;
De l'Institut national ou académie.

Les six journaux officiels étant, pour ainsi dire, les directeurs de l'opinion publique, sont soumis à la censure préalable des diverses autorités auxquels ils appartiennent.

Tout Français peut faire imprimer tout livre qui bon lui semblera, créer tout journal périodique qu'il jugera à-propos, sans être soumis à la censure préalable d'aucune autorité. Le simple citoyen ne répond qu'aux lois de l'émission de ses écrits et de ses opinions.

L'auteur d'un livre, le rédacteur d'un journal officiel ou autre, accusé par de simples citoyens ou par de simples fonctionnaires publics pour injures personnelles, est jugé par les tribunaux ordinaires.

L'auteur d'un livre, le rédacteur d'un journal officiel ou autre, dénoncé pour écrits incendiaires, provocation au meurtre, à la révolte ou autre semblable abus de la presse, est jugé par la haute-cour.

## Haute-Cour.

Les simples citoyens, les membres des diverses autorités tant civiles que militaires, qui seront accusés de crimes de conspiration contre l'état, de lèse-majesté, d'infraction à la constitution, d'abus de pouvoirs, abus de la liberté de la presse, sont jugés par cette cour.

Elle se compose ainsi qu'il suit :

Cinq membres pris parmi les représentans ;

Cinq dans la cour de cassation ;

Cinq dans le comité général d'instruction publique ;

Cinq dans le Sénat ;

} Et tirés au sort.

Cinq dans le corps administratif, désignés par le Monarque.

Ce tribunal est temporaire, et se dissout nécessairement après avoir rendu son jugement sur les objets qui ont provoqué sa formation.

Tout accusé pardevant ce tribunal peut récuser à son gré trois des juges qui le composent.

Le Monarque, le Sénat, la chambre des représentans peuvent seuls, quand ils le jugent à-propos, requérir la formation de la haute-cour; mais elle ne s'assemble qu'autant que deux de ces autorités sont d'accord pour en exiger la réunion.

La haute-cour nomme son président, ses secrétaires, ses rapporteurs.

## Mode de procéder aux changemens à faire à la charte constitutionelle.

Le Monarque, le Sénat, la chambre des représentans, peuvent seuls, et en tout temps, présenter des projets de changemens ou modifications à faire à la constitution.

Ils doivent avoir même continuellement un comité chargé d'examiner les améliorations à faire dans cette partie.

Tout projet de changement à faire à la Charte constitutionnelle, après avoir été discuté dans le conseil du monarque, dans le Sénat, dans la chambre des représentans, et avoir été adopté par deux de ces autorités, est néanmoins encore soumis à l'acceptation des assemblées primaires.

www.ingramcontent.com/pod-product-compliance
Lightning Source LLC
Chambersburg PA
CBHW070704050426
42451CB00008B/493